W0179724

JACKIE GAFF

Gebäude, Brücken, Tunnel

ERKLÄR-BUCH MIT FRAGEN UND ANTWORTEN

AUS DEM ENGLISCHEN VON CHRISTIANE BERGFELD

Franz Schneider Verlag

© 1992 für die deutsche Ausgabe by
Franz Schneider Verlag GmbH
Schleißheimer Str. 267 · 80809 München
Alle Rechte vorbehalten
Originaltitel: Buildings, Bridges & Tunnels
erschienen 1991 bei Kingfisher Books
© 1991 Grisewood & Dempsey Ltd., London
Übersetzung aus dem Englischen: Christiane Bergfeld
Titelbild: Chris Forsey
Umschlaggestaltung: Adolf Bachmann
Lektorat: Annemarie Bruhns
Herstellung: Brigitte Matschl
Satz: FIBO Lichtsatz GmbH, München
Printed in Germany
ISBN: 3-505-04750-3

Der Direkt-Vertrieb dieses Buches
erfolgt durch die HORIZONT VERLAG GMBH,
Filderstadt, mit Genehmigung von
Grisewood & Dempsey.
Druck 1995

Inhalt

Warum sind Häuser wichtig?

Vor Jahrtausenden bauten sich Menschen die ersten Hütten aus Zweigen und Tierhäuten zum Schutz vor dem Wetter. Heute errichten wir Häuser jeder Form und Größe, vom riesigen Hochhaus bis zum einstöckigen Häuschen oder Bungalow. Doch ob groß oder klein, ohne Häuser könnten wir kaum überleben.

Die ältesten Bauten dienten den Menschen als Unterkünfte. Heute bauen wir viele Arten von Häusern für ganz unterschiedliche Zwecke.

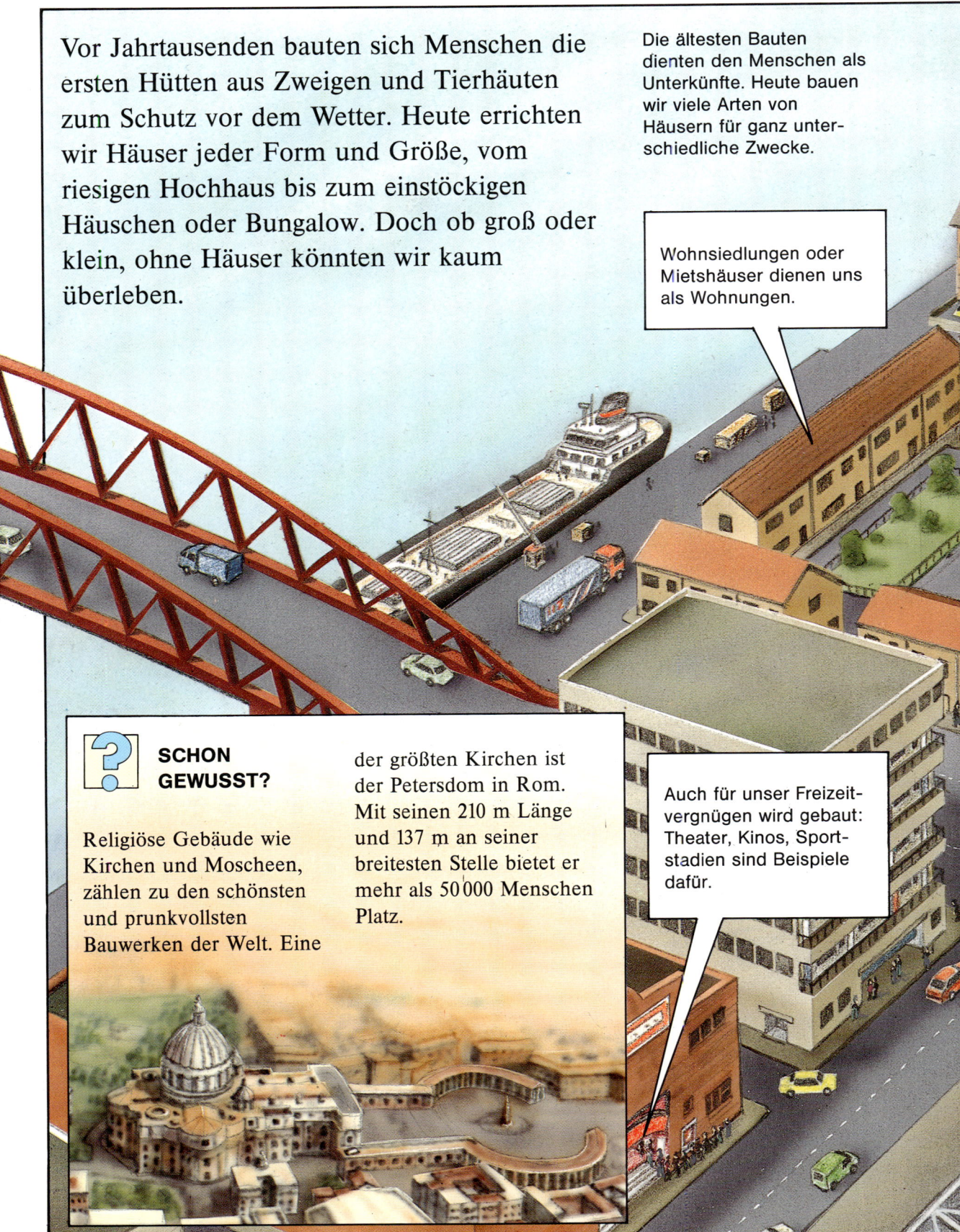

Wohnsiedlungen oder Mietshäuser dienen uns als Wohnungen.

Auch für unser Freizeitvergnügen wird gebaut: Theater, Kinos, Sportstadien sind Beispiele dafür.

? SCHON GEWUSST?

Religiöse Gebäude wie Kirchen und Moscheen, zählen zu den schönsten und prunkvollsten Bauwerken der Welt. Eine der größten Kirchen ist der Petersdom in Rom. Mit seinen 210 m Länge und 137 m an seiner breitesten Stelle bietet er mehr als 50 000 Menschen Platz.

Fabriken und Bürohäuser sind Gebäude, in denen Menschen arbeiten.

SCHON GEWUSST?

Die ältesten menschlichen Behausungen wurden in den 60er Jahren im südfranzösischen Nizza entdeckt. Die Hütten wurden vor über 400 000 Jahren gebaut und bestanden aus Holzstäben, gestützt von Pfosten und mit Steinen beschwert.

In Läden und Supermärkten kaufen wir alles ein, was wir zum Leben benötigen.

Schulen und Universitäten werden gebaut, damit man dort studieren kann.

Wie werden Häuser gebaut?

Vor dem Hausbau müssen Entwürfe und Pläne gezeichnet werden. Das ist die Aufgabe des Architekten. Die Handwerker richten sich bei ihrer Arbeit nach dem Bauplan.

Alle modernen Gebäude haben Fundamente. Sie bilden eine feste Grundlage für das Haus und verhindern das Absinken schwerer Bauwerke in weichem Boden.

Die Gräben für das Fundament werden mit Beton ausgegossen; das ergibt einen stabilen Grund für das Haus.

Das Grundstück wird vermessen und mit Stangen und Schnüren markiert.

Für das Fundament, die Wasserleitungen und die Stromkabel werden Gräben ausgehoben.

ZEICHNE EINEN BAUPLAN

So sieht ein Bauplan aus. Er zeigt, wie das Haus von innen und außen aussehen soll. Entwirf selbst ein Haus nach deinem Wunsch. Wie viele Zimmer brauchst du? Wofür würdest du sie benutzen. Vergiß nicht, Fenster, Türen und Treppen einzuzeichnen!

VORDERFRONT

SEITE

ERDGESCHOSS

OBERGESCHOSS

TREPPE
FLUR
KÜCHE
ESSZIMMER
WOHNZIMMER

BAD
SCHLAFZIMMER
SCHLAFZIMMER
SCHLAFZIMMER

TÜR FENSTER

Zimmerleute und Tischler setzen Fenster und Türen ein, verlegen Fußböden und zimmern den Dachstuhl.

Maurer errichten Wände auf dem Fundament – innen aus Beton, außen aus Backsteinen.

Installateure legen Wasserleitungen und bauen Waschbecken, Badewannen und Zentralheizungen ein.

Elektriker verlegen Stromleitungen und -kabel, bringen Steckdosen, Schalter und Lampen an.

MEHR ÜBER DAS BAUEN

● Beton ist ein sehr harter Baustoff, der oft an Stelle von Backsteinen oder Ziegel für das Fundament verwendet wird. Beton ist ein Gemisch aus Sand, Kies, Zement und Wasser, das beim Trocknen sehr hart wird.

● Ziegelsteine sind aus Lehm, der bei hoher Temperatur gebrannt wird.

● Zement ist eine Mischung aus gebranntem Ton und Kalkstein, die zu feinem Puder gemahlen wird. Zement wird Beton und Mörtel beigemischt.

● Mörtel klebt die Bausteine zusammen. Er wird aus Sand, Kalk und Wasser angerührt. Nach dem Trocknen ist er sehr hart.

Welches sind die größten Häuser?

Die größten Häuser sind die Königspaläste. Zu den größten Privathäusern der Welt zählt Biltmore House in Nordkarolina, USA. Es hat mehr als 250 Zimmer, darunter 32 Gästezimmer, eine eigene Sporthalle, einen Swimmingpool und eine Bowlingbahn!

Biltmore House wurde von 1890–95 für George W. Vanderbilt gebaut. Es ist im Stil eines französischen Schlosses aus dem 16. Jahrhundert errichtet. Die Familie Vanderbilt bewohnt es nicht mehr. Man kann daher das Haus und die schönen Gärten besichtigen.

 **MEHR ÜBER HÄUSER**

● Eine Fischerhütte in Conwy (Nordwales) gehört zu den kleinsten Häusern der Welt. Sie ist knapp 2 m breit und 3 m hoch. Innen besteht es nur aus einer Treppe und zwei winzigen Zimmern, in denen Erwachsene kaum aufrecht stehen könnten.

● Nur wenige Riesenpaläste sind noch bewohnt. Der größte gehört dem Sultan von Brunei, einem Zwergstaat in Südostasien. Er hat mehr als 1780 Zimmer und etwa 250 Toiletten!

Fischerhäuschen, Conwy

Welches sind die höchsten Bauwerke?

Die höchsten Gebäude der Welt sind Wolkenkratzer. Der größte davon ist der Sears Tower in Chicago, USA. Dieser riesige Turm hat 110 Stockwerke und ragt 443 m hoch in den Himmel – fast einen halben Kilometer! Er hat 16 000 Fenster und über 100 Fahrstühle.

 SCHON GEWUSST?

In New York, der größten Stadt der USA, gibt es mehr Wolkenkratzer als sonstwo auf der Welt. Die meisten stehen auf der Insel Manhattan.

1 Chrysler Building (319 m), New York, 1930 erbaut.

3 World Trade Center (Zwillingstürme, 412 m) New York, 1973 erbaut.

2 Empire State Building (381 m), New York, 1931 erbaut.

4 Sears Tower (443 m), Chicago, 1974 erbaut.

 **WIND-TEST**

Wußtest du, daß hohe Gebäude so konstruiert sind, daß sie bei starkem Wind schwanken? Sie würden sonst nämlich einstürzen.

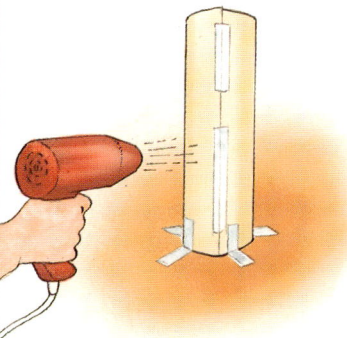

Bastle eine Röhre aus dünnem Karton und klebe sie auf dem Tisch fest. Wenn du nun mit einem Föhn „Wind" machst, kannst du sehen, wie Wolkenkratzer darauf reagieren.

Wie werden Wolkenkratzer gebaut?

Wegen ihrer großen Höhe sind Wolkenkratzer sehr schwer. Sie brauchen daher feste Fundamente und ein starkes Innengerüst. Dieses besteht aus Trägern, das sind lange Balken aus Eisen. Das Gerüst trägt die Wände und Fußböden und wird immer wieder aufgestockt, sobald ein Stockwerk fertig ist.

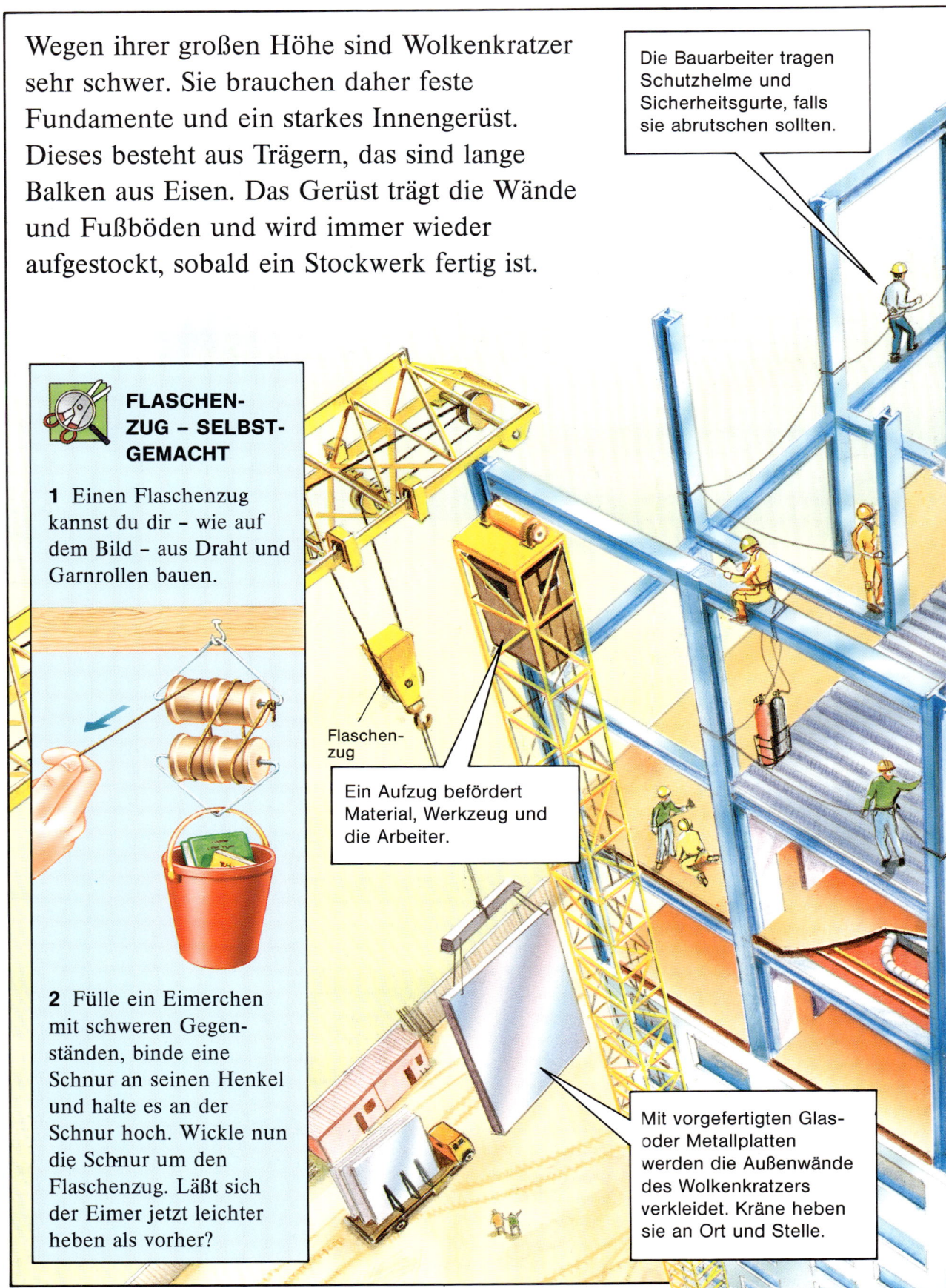

Die Bauarbeiter tragen Schutzhelme und Sicherheitsgurte, falls sie abrutschen sollten.

FLASCHEN-ZUG – SELBST-GEMACHT

1 Einen Flaschenzug kannst du dir – wie auf dem Bild – aus Draht und Garnrollen bauen.

Flaschen-zug

Ein Aufzug befördert Material, Werkzeug und die Arbeiter.

2 Fülle ein Eimerchen mit schweren Gegenständen, binde eine Schnur an seinen Henkel und halte es an der Schnur hoch. Wickle nun die Schnur um den Flaschenzug. Läßt sich der Eimer jetzt leichter heben als vorher?

Mit vorgefertigten Glas- oder Metallplatten werden die Außenwände des Wolkenkratzers verkleidet. Kräne heben sie an Ort und Stelle.

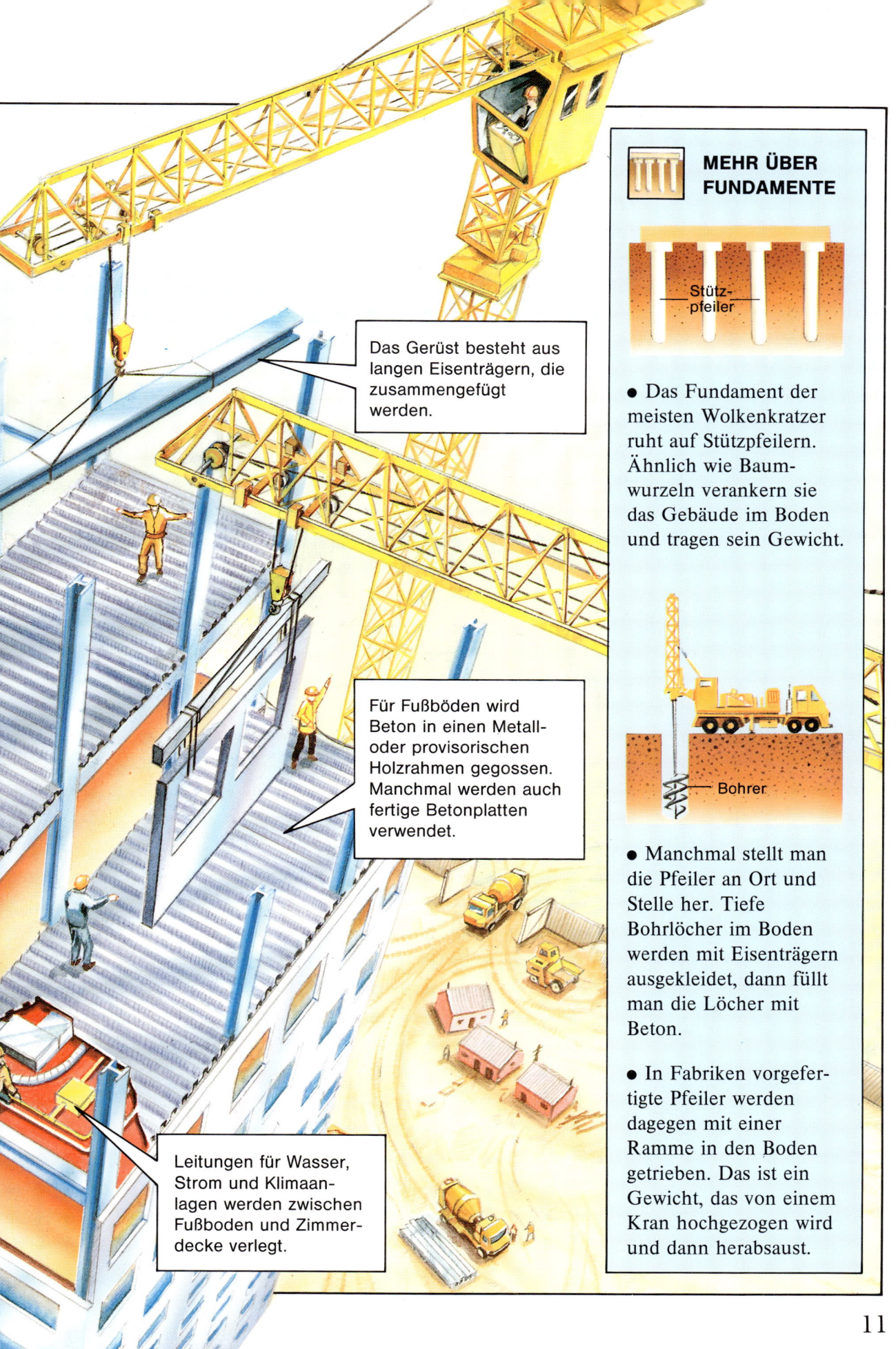

Das Gerüst besteht aus langen Eisenträgern, die zusammengefügt werden.

Für Fußböden wird Beton in einen Metall- oder provisorischen Holzrahmen gegossen. Manchmal werden auch fertige Betonplatten verwendet.

Leitungen für Wasser, Strom und Klimaanlagen werden zwischen Fußboden und Zimmerdecke verlegt.

MEHR ÜBER FUNDAMENTE

Stütz-pfeiler

• Das Fundament der meisten Wolkenkratzer ruht auf Stützpfeilern. Ähnlich wie Baumwurzeln verankern sie das Gebäude im Boden und tragen sein Gewicht.

Bohrer

• Manchmal stellt man die Pfeiler an Ort und Stelle her. Tiefe Bohrlöcher im Boden werden mit Eisenträgern ausgekleidet, dann füllt man die Löcher mit Beton.

• In Fabriken vorgefertigte Pfeiler werden dagegen mit einer Ramme in den Boden getrieben. Das ist ein Gewicht, das von einem Kran hochgezogen wird und dann herabsaust.

11

Was waren die Sieben Weltwunder?

Die Sieben Weltwunder waren die eindrucksvollsten Bau- und Kunstwerke des Altertums. Im Laufe der Zeit verfielen einige von ihnen, andere wurden durch Feuer oder Erdbeben zerstört. Nur die Pyramiden von Giseh stehen noch heute.

1 Die Pyramiden von Giseh wurden vor etwa 4500 Jahren gebaut. Als einziges der Sieben Weltwunder blieben sie erhalten. Die anderen 6 Weltwunder entstanden vor 2000 bis 2500 Jahren.

SCHON GEWUSST?

Die ägyptischen Pyramiden waren die Grabstätten der Pharaonen.

Pharaonengrab

Die größte davon, die Cheopspyramide, war 146 m hoch. Über 30 Jahre bauten Tausende von Arbeitern daran. Mehr als 2 Millionen Steinblöcke wurden behauen und zur Baustelle geschleppt. Mit modernen Maschinen würden 400 Arbeiter 5 Jahre lang dazu brauchen.

2 Die Hängenden Gärten der Semiramis in Babylon waren ein so großes Wunderwerk, weil sie mitten in der Wüste gediehen.

3 Der Artemistempel von Ephesus zählte zu den größten Tempeln des Altertums. Die Säulen waren sechsmal so hoch wie ein Mensch.

4 Der Koloß von Rhodos war eine riesige Bronzestatue des Sonnengottes Helios. Ein Erdbeben zerstörte die Statue 60 Jahre nach ihrer Vollendung.

Auf der Karte: GRIECHENLAND · Mittelmeer · ÄGYPTEN

5 In Halikarnassos ließ sich ein König namens Mausolus ein 40 m hohes Grabmal bauen. Seitdem nennt man ein großes Grabmal Mausoleum.

WUNDER UNSERER ZEIT

Auch heute noch entstehen auf der ganzen Welt wunderschöne und aufsehenerregende Bauten. Wie würde deine Liste moderner Sieben Weltwunder aussehen?

Würdest du das Opernhaus von Sydney in Australien mit aussuchen? Sieht es nicht aus wie ein Segelschiff im Wind?

6 Der Leuchtturm von Pharos war über 120 m hoch. Viele Kilometer weit reichte der Schein des Feuers, das in der Spitze brannte, und wies den Schiffen den Weg.

7 Die Zeusstatue von Olympia war aus Gold und Elfenbein, besetzt mit Edelsteinen. Sie war 12 m hoch und stellte den Göttervater dar.

13

Wie lang ist die Chinesische Mauer?

Mit 3500 km – das ist fünfmal die Strecke von London nach Paris – ist die Chinesische Mauer das größte Bauwerk aller Zeiten. Unter Kaiser Shi huang-ti wurde vor 2200 Jahren mit dem Bau begonnen. Sie diente als Schutz vor feindlichen Stämmen aus dem Norden.

? SCHON GEWUSST?

Die Chinesische Mauer kann man als einziges von Menschen errichtete Bauwerk vom Mond aus sehen.

Die Chinesische Mauer schlängelt sich in Nordchina über Täler und Höhen. Zusätzlich zu ihrer Länge von 3500 km hat sie noch 2850 km lange Verzweigungen.

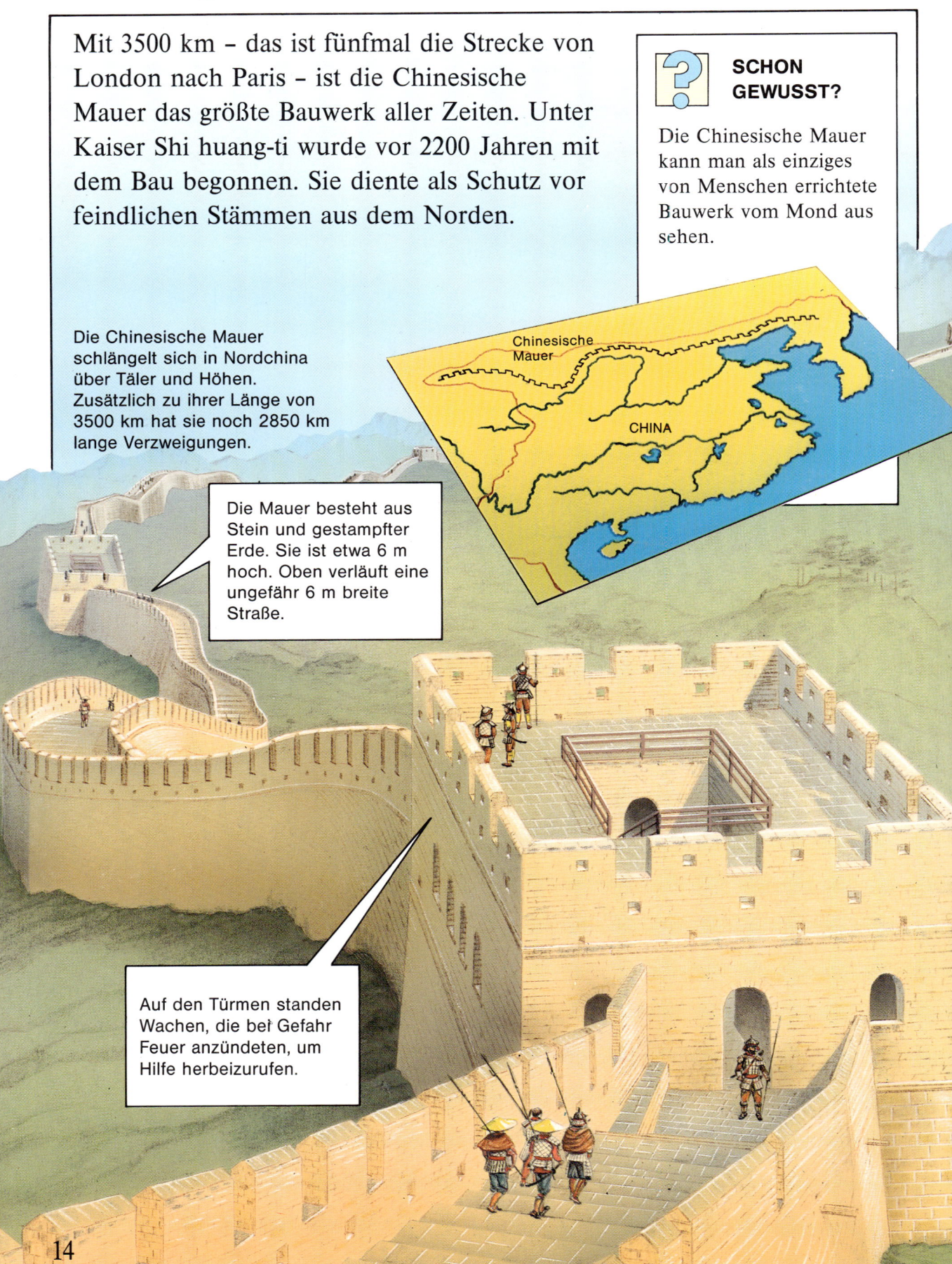

Chinesische Mauer

CHINA

Die Mauer besteht aus Stein und gestampfter Erde. Sie ist etwa 6 m hoch. Oben verläuft eine ungefähr 6 m breite Straße.

Auf den Türmen standen Wachen, die bei Gefahr Feuer anzündeten, um Hilfe herbeizurufen.

Wer erbaute den Parthenon?

Die alten Griechen bauten den Parthenon vor über 2300 Jahren als Tempel für die Göttin Athene. Seine Ruinen stehen noch heute auf der Akropolis, der Burganlage der griechischen Hauptstadt Athen.

Mit dicken Säulen aus Stein stützten die alten Griechen das Dach ab.

Wer erbaute das Kolosseum?

Das Kolosseum steht in Rom, der Hauptstadt Italiens. Die Römer bauten es vor 2000 Jahren als riesige Sportarena.

Die Römer gingen ins Kolosseum, um den Kampf der Gladiatoren zu sehen. Gladiatoren waren Männer, die miteinander oder gegen Löwen und andere Raubtiere kämpften.

 SCHON GEWUSST?

Weil die Römer die Kunst des Bogenbaus kannten, konnten sie gewaltigere Bauten als die alten Griechen errichten. Bögen sind belastbarer als Säulen und Balken.

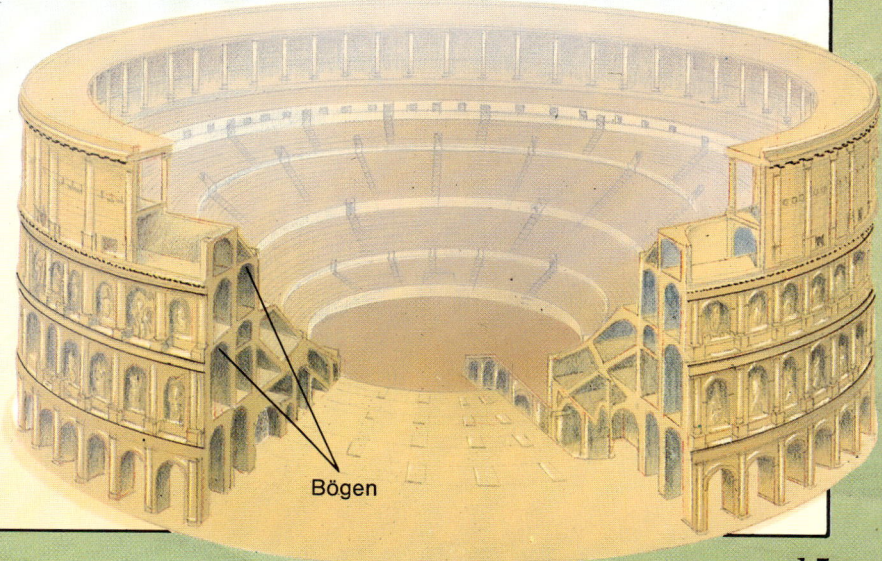

Bögen

Wie wurden Burgen gebaut?

Europas Könige und Fürsten begannen vor etwa 1000 Jahren, Steinburgen zu bauen, um sich vor Feinden zu schützen. Da die Mauern feindlichen Angriffen standhalten mußten, waren sie sehr hoch und dick. 4–6 m Durchmesser, 20 m Höhe waren keine Seltenheit. Damals hatte man nur einfaches Werkzeug, daher dauerte der Bau einer Burg sehr lange. Für eine mittelgroße Burg benötigten 1000 Arbeiter bis zu 10 Jahre.

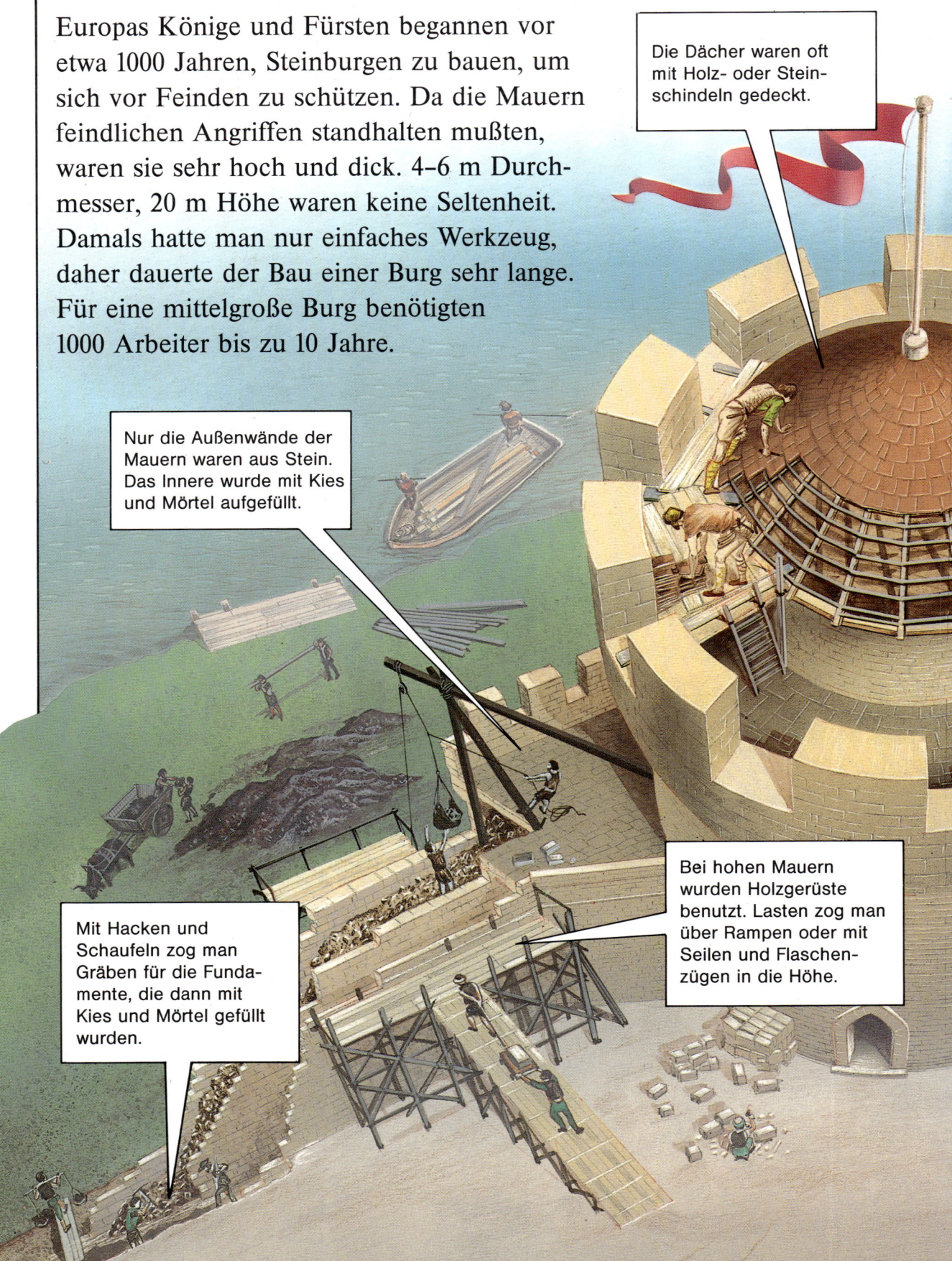

Die Dächer waren oft mit Holz- oder Steinschindeln gedeckt.

Nur die Außenwände der Mauern waren aus Stein. Das Innere wurde mit Kies und Mörtel aufgefüllt.

Mit Hacken und Schaufeln zog man Gräben für die Fundamente, die dann mit Kies und Mörtel gefüllt wurden.

Bei hohen Mauern wurden Holzgerüste benutzt. Lasten zog man über Rampen oder mit Seilen und Flaschenzügen in die Höhe.

MEHR ÜBER BURGEN

● Die größte noch bewohnte Burg der Welt ist Schloß Windsor. Sie ist im Besitz der englischen Königsfamilie und hat die Ausdehnung von 12½ Fußballplätzen!

● Der Moskauer Kreml wurde vor mehr als 500 Jahren für die russischen Zaren erbaut. Er hat 20 Türme, und seine rosafarbenen Mauern ragen über 18 m hoch.

● Auch in Japan begann man vor etwa 450 Jahren Burgen zu bauen. Die Mauern waren oft schräg nach innen geneigt, wie bei der Burg von Himedschi.

Die Stufen waren behauene Steine. Jede Stufe fand Halt auf der unter ihr liegenden.

Für schwere Lasten benutzte man Holzkräne. Ein Mann lief in einem Rad, das sich so drehte und das Zugseil aufrollte.

Warum ist der Turm von Pisa schief?

Schon bei der Fertigstellung des dritten Stockwerks begann sich dieser berühmte italienische Turm zu neigen. Die Fundamente konnten das Gewicht nicht tragen, und so neigte sich der Turm zur Seite, als er in den weichen Boden zu sinken begann.

Der Turm wurde zwischen 1173 und 1272 errichtet. Inzwischen hat er sich fast 5 m zur Seite geneigt, und auch jetzt neigt er sich noch jedes Jahr um etwa 1,25 mm.

? SCHON GEWUSST?

Der Schiefe Turm wurde als Glockenturm gebaut. Heute werden die Glocken nicht mehr geläutet, weil man befürchtet, daß er sich sonst noch schneller neigen könnte.

Warum wurde der Eiffelturm gebaut?

1889 wurde der Eiffelturm für die Weltausstellung in Paris gebaut. Damals war er das höchste Bauwerk der Welt und wurde zum Wahrzeichen der französischen Hauptstadt.

? SCHON GEWUSST?

Mit einer Höhe von 642 m ist der Warschauer Sendemast das höchste Bauwerk der Erde. Er wird durch starke Stahlseile gestützt.

Der Eiffelturm ist 300,5 m hoch – höher als 40 zweistöckige Häuser! Sein Gerüst besteht aus Eisen.

Warum wurde die Freiheitsstatue errichtet?

Über 46 m mißt die Freiheitsstatue von der Fackel- bis zur Zehenspitze.

Die Freiheitsstatue wurde 1884 den USA vom französischen Volk geschenkt als Zeichen der Freundschaft und des Glaubens an die große Bedeutung der Freiheit. Sie wurde in Frankreich gebaut, zerlegt und in die USA verschifft. Dort baute man sie auf einer kleinen Insel im Hafen von New York wieder zusammen.

Von einer Aussichtsplattform in der Krone können Besucher auf die Stadt New York blicken.

? SCHON GEWUSST?

Die höchste Statue der Welt ist über 82 m hoch – fast doppelt so hoch wie die Freiheitsstatue. Es ist die „Mutter Heimat" auf dem Mamaihügel bei Wolgograd in Rußland.

Zwei Wendeltreppen mit je 142 Stufen führen bis in die Krone der Freiheitsstatue.

Das Eisengerüst entwarf Alexandre Gustave Eiffel, der später den nach ihm benannten Eiffelturm konstruierte.

Wozu sind Brücken da?

Durch Brücken werden Wege kürzer, einfacher und sicherer. Sie helfen uns, breite Flüsse und tiefe Schluchten zu überwinden sowie belebte Straßen und Bahngleise zu überqueren. Anstelle von Ampeln sorgen sie für zügigen Durchgangsverkehr und helfen Staus zu vermeiden.

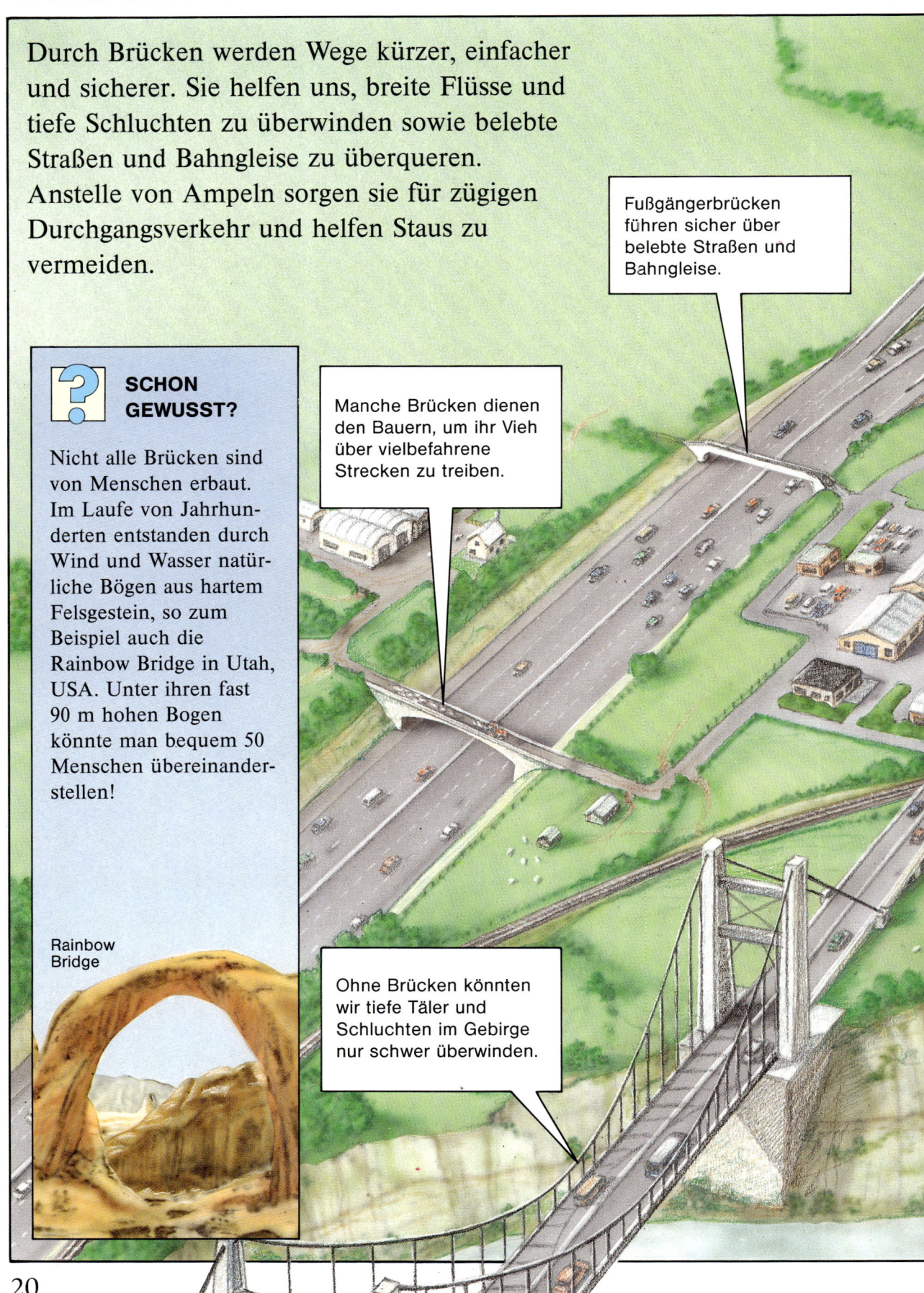

? SCHON GEWUSST?

Nicht alle Brücken sind von Menschen erbaut. Im Laufe von Jahrhunderten entstanden durch Wind und Wasser natürliche Bögen aus hartem Felsgestein, so zum Beispiel auch die Rainbow Bridge in Utah, USA. Unter ihren fast 90 m hohen Bogen könnte man bequem 50 Menschen übereinanderstellen!

Rainbow Bridge

Fußgängerbrücken führen sicher über belebte Straßen und Bahngleise.

Manche Brücken dienen den Bauern, um ihr Vieh über vielbefahrene Strecken zu treiben.

Ohne Brücken könnten wir tiefe Täler und Schluchten im Gebirge nur schwer überwinden.

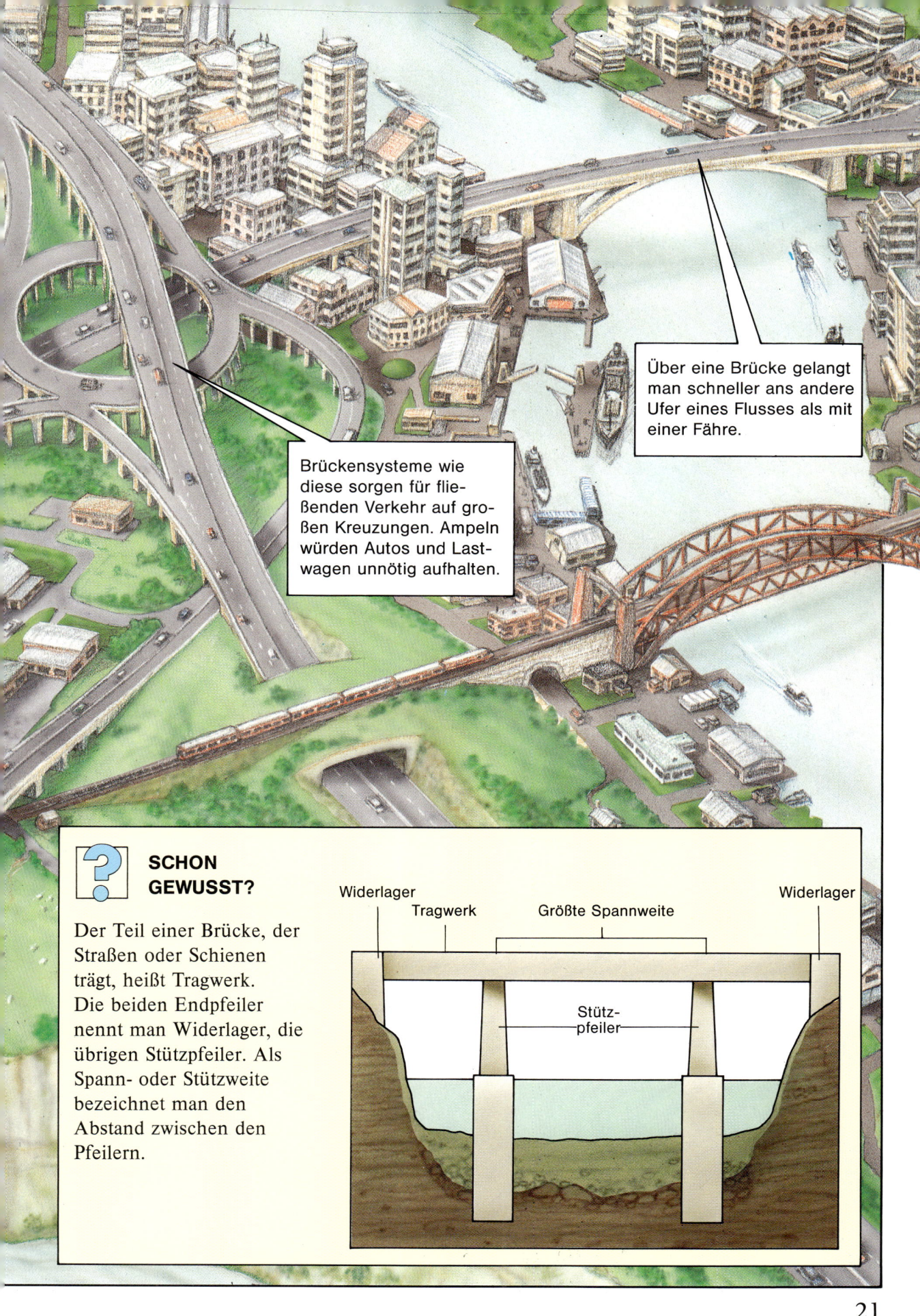

Über eine Brücke gelangt man schneller ans andere Ufer eines Flusses als mit einer Fähre.

Brückensysteme wie diese sorgen für fließenden Verkehr auf großen Kreuzungen. Ampeln würden Autos und Lastwagen unnötig aufhalten.

SCHON GEWUSST?

Der Teil einer Brücke, der Straßen oder Schienen trägt, heißt Tragwerk. Die beiden Endpfeiler nennt man Widerlager, die übrigen Stützpfeiler. Als Spann- oder Stützweite bezeichnet man den Abstand zwischen den Pfeilern.

Widerlager

Tragwerk

Größte Spannweite

Widerlager

Stützpfeiler

Welche Brückenformen gibt es?

Es gibt drei Hauptformen von Brücken: die Balken-, Bogen- und Hängebrücke. Die gebräuchlichste ist die Balkenbrücke, zu der auch die Auslegerbrücke (2) gehört. Wenn du ein Brett über einen Graben legst, hast du eine Balkenbrücke gebaut.

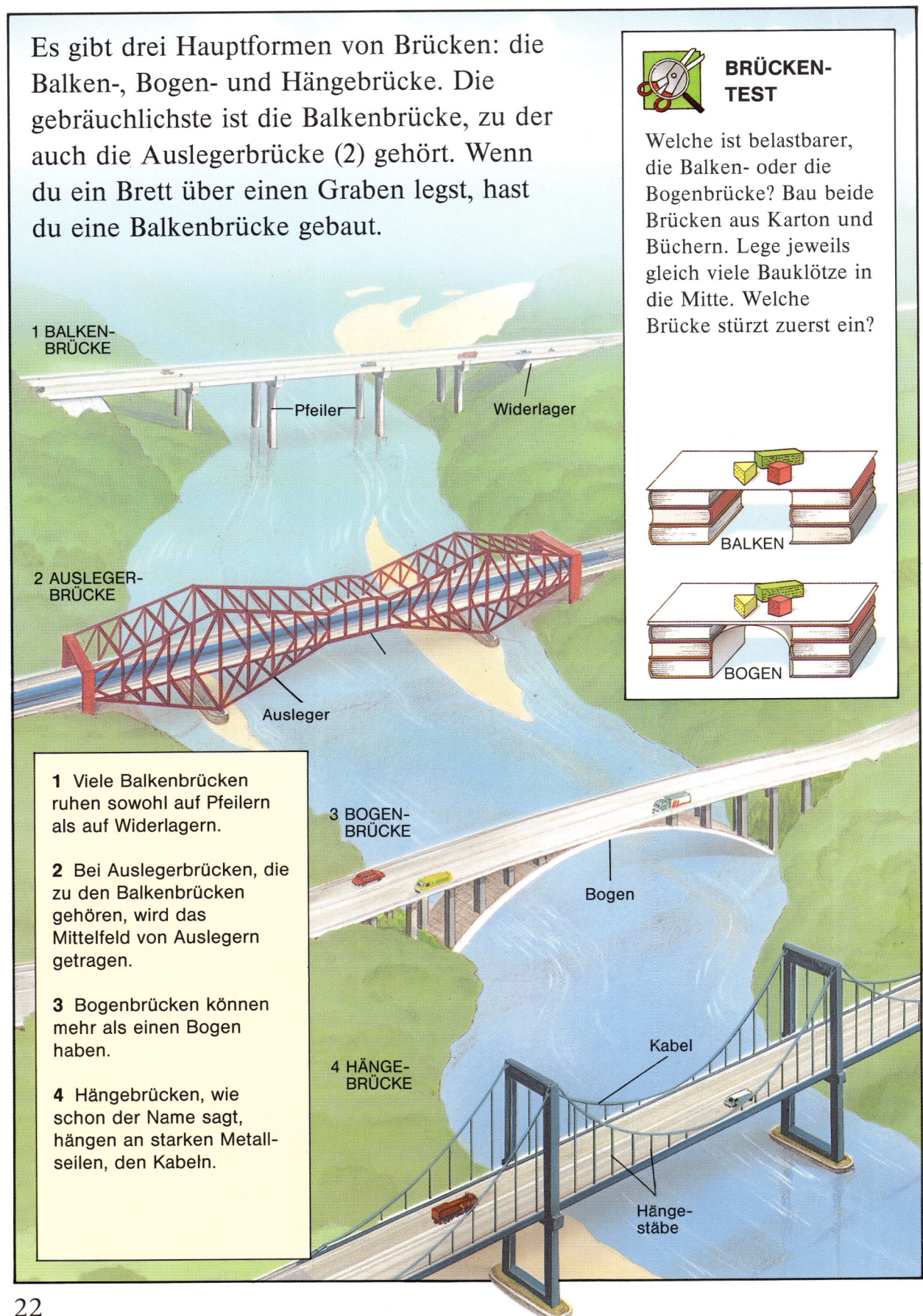

BRÜCKEN-TEST

Welche ist belastbarer, die Balken- oder die Bogenbrücke? Bau beide Brücken aus Karton und Büchern. Lege jeweils gleich viele Bauklötze in die Mitte. Welche Brücke stürzt zuerst ein?

BALKEN

BOGEN

1 BALKEN-BRÜCKE

Pfeiler

Widerlager

2 AUSLEGER-BRÜCKE

Ausleger

3 BOGEN-BRÜCKE

Bogen

4 HÄNGE-BRÜCKE

Kabel

Hänge-stäbe

1 Viele Balkenbrücken ruhen sowohl auf Pfeilern als auf Widerlagern.

2 Bei Auslegerbrücken, die zu den Balkenbrücken gehören, wird das Mittelfeld von Auslegern getragen.

3 Bogenbrücken können mehr als einen Bogen haben.

4 Hängebrücken, wie schon der Name sagt, hängen an starken Metall-seilen, den Kabeln.

Wie funktionieren bewegliche Brücken?

Manche Brücken, z. B. die Tower Bridge in London, sind so gebaut, daß sie große Schiffe passieren lassen können. Die Fahrbahn ist in zwei Sektionen geteilt und läßt sich hochklappen. Diese Art Brücke nennt man Klapp- oder Zugbrücke. Früher wurden solche Brücken für Burggräben benutzt.

Die Londoner Tower Bridge klappt in der Mitte hoch, wenn ein großes Schiff passieren will.

Eine Vorrichtung im Turm zieht die Tragwerkhälfte nach oben.

MEHR ÜBER HÄNGEBRÜCKEN

● Manche Brücken bewegen das Tragwerk zur Seite. Die Schiffe fahren rechts und links vorbei.

● Bei den Hubbrücken hebt sich das Tragwerk zwischen zwei Türmen nach oben, um Schiffe durchzulassen.

Wie werden Hängebrücken gebaut?

Mit ihren schlanken Türmen und langen Hauptkabeln zählen Hängebrücken zu den eindrucksvollsten Bauwerken. Wie alle Brücken müssen sie sowohl das eigene als auch das Gewicht von Menschen und Fahrzeugen tragen können. Das Gewicht der Brücke wird von den beiden Hauptkabeln gehalten, die daher fest im Boden verankert sein müssen.

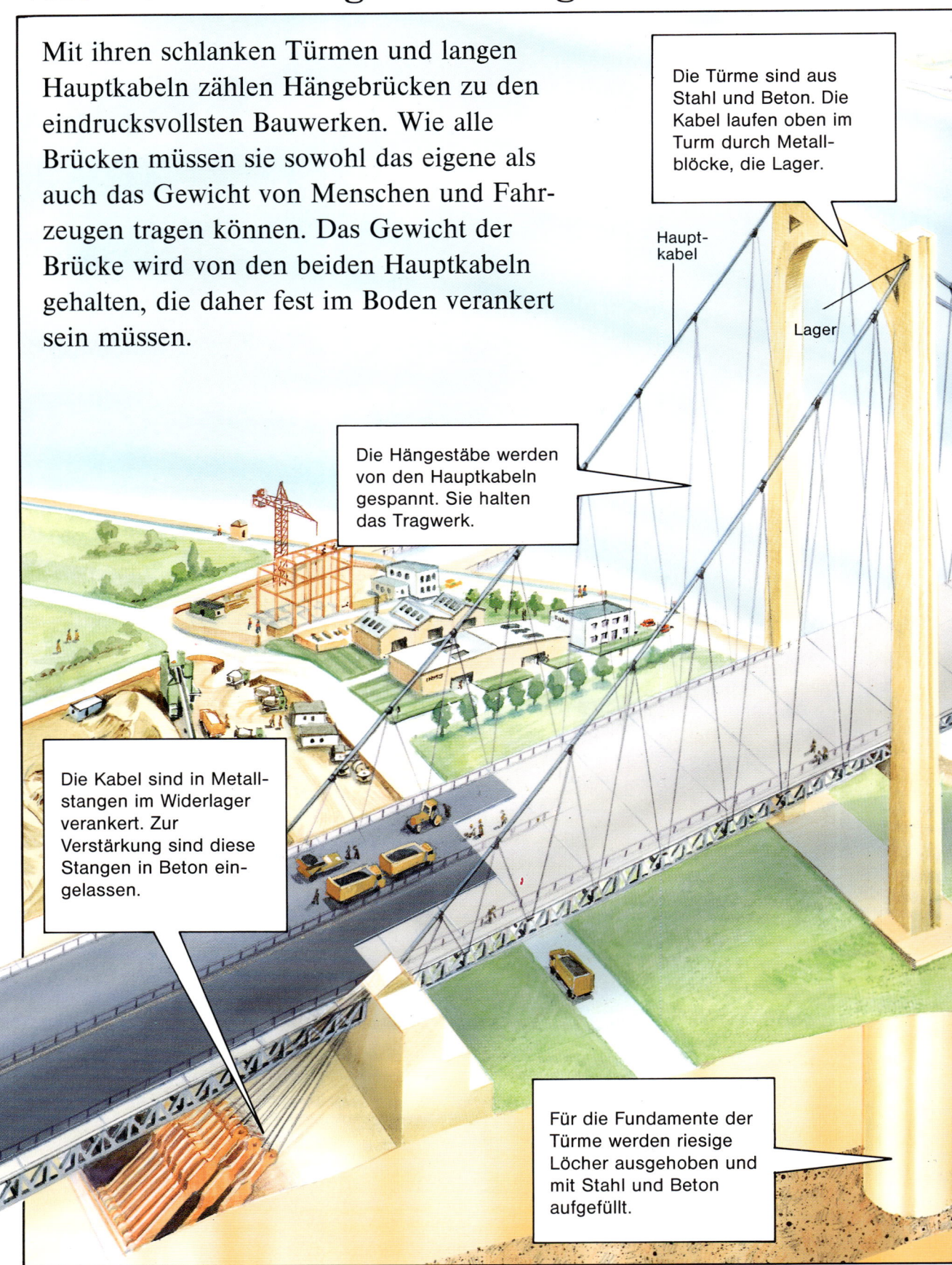

Die Türme sind aus Stahl und Beton. Die Kabel laufen oben im Turm durch Metallblöcke, die Lager.

Hauptkabel

Lager

Die Hängestäbe werden von den Hauptkabeln gespannt. Sie halten das Tragwerk.

Die Kabel sind in Metallstangen im Widerlager verankert. Zur Verstärkung sind diese Stangen in Beton eingelassen.

Für die Fundamente der Türme werden riesige Löcher ausgehoben und mit Stahl und Beton aufgefüllt.

Schlepper ziehen die Tragwerkteile auf Lastkähnen zur Baustelle.

Wenn alle Tragwerkteile an ihrem Platz sind, schweißt man sie zusammen; darüber kommt dann die Fahrbahndecke.

Das Tragwerk wird aus Einzelteilen zusammengesetzt, die hochgehievt und an den Hängestäben befestigt werden.

SCHON GEWUSST?

Brückenfundamente werden oft im Wasser gebaut. Das geschieht z. B., indem man lange Metallröhren in den Grund rammt, um einen wasserdichten Raum, den Fangdamm, zu erhalten. In diesem Fangdamm, der außen von Wasser umgeben ist, wird dann ungestört das Brückenfundament errichtet.

Welches sind die ältesten Brücken?

Die wahrscheinlich ältesten Brücken befinden sich in Südwestengland. Doch niemand weiß genau, wie alt sie wirklich sind. Die älteste Brücke, deren Alter man kennt, wurde vor fast 3000 Jahren über den Fluß Meles in der Türkei gebaut.

Vor Jahrtausenden entstanden diese stabilen Brücken in England: große Steinplatten, die über Felsbrocken gelegt wurden.

? SCHON GEWUSST?

Der griechische Geschichtsschreiber Herodot beschrieb vor etwa 2500 Jahren, wie der persische Großkönig Xerxes eine Brücke für seine Armee bauen ließ. Sie bestand aus 674 durch Stricke verbundene, fest verankerte Boote. Eine solche schwimmende Brücke heißt Ponton.

Was ist ein Aquädukt?

Ein Aquädukt ist eine Wasserleitungsbrücke. Die Römer waren erstklassige Brückenbauer, und viele ihrer Aquädukte stehen noch heute.

Den Pont du Gard bauten die Römer vor fast 2000 Jahren. Er ist Teil einer Wasserleitung, die über eine Entfernung von mehr als 40 km Wasser für die südfranzösische Stadt Nîmes transportierte.

Wo wohnten Menschen auf Brücken?

Vor etwa 1000 Jahren wurden in europäischen Städten auch Läden, Kirchen und sogar Gefängnisse auf Stadtbrücken gebaut.

Der Ponte Vecchio überbrückt den Fluß Arno in Florenz. Er wurde im 14. Jahrhundert gebaut, und die Häuser und Läden auf dieser Brücke werden immer noch bewohnt.

Wo steht die Seufzerbrücke?

Die Seufzerbrücke ist die berühmteste Brücke Venedigs. Gegen Ende des 16. Jahrhunderts wurde sie als Verbindung zwischen dem Justizpalast und dem Gefängnis gebaut. Die Seufzer der Gefangenen gaben ihr den Namen.

? SCHON GEWUSST?

Die Stadt Venedig ist auf etwa 120 Inseln erbaut. Statt Straßen gibt es dort Kanäle, über die mehr als 400 Brücken führen.

Wo steht die längste Brücke?

Die längste Brücke der Welt führt über den Pontchartrain-See in Lousiana, USA. Die beiden Dämme, auf der die Brücke erbaut ist, sind zusammen 77 km lang. Von der Mitte der Brücke aus sind die Ufer nicht zu sehen!
Die Brücke mit der größten Spannweite der Welt hat mit 1410 m die „Humber-Brücke" in Nordengland.

SCHON GEWUSST?

Die erste Brücke der Welt, die ganz aus Eisen bestand, wurde 1779 in England über den Fluß Severn gebaut.

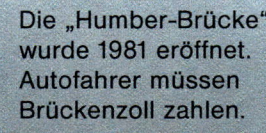

Die „Humber-Brücke" wurde 1981 eröffnet. Autofahrer müssen Brückenzoll zahlen.

Die riesigen Türme sind 162,5 m hoch und aus mit Stahl verstärktem Beton.

Die Gesamtlänge der „Humber-Brücke" beträgt 2220 m, die Spannweite 1410 m.

BRÜCKE AUS MESSERN

1 Verblüffe deine Freunde mit diesem Trick. Behaupte, daß du aus drei Messern und drei Gläsern eine Brücke bauen kannst, die ein viertes Glas trägt.

2 Das Kunststück gelingt, wenn du die Messerklingen, wie abgebildet, übereinandergreifen läßt.

Wo steht die breiteste Brücke?

Die Harbour Bridge in Sydney, Australien, ist mit einer Spannweite von 493 m Länge und 49 m Breite die breiteste und die viertlängste Bogenbrücke der Welt. Die Stahlbogenbrücke wurde 1932 eingeweiht.

Die Brücke über den Hafen von Sydney hat acht Fahrspuren, zwei Bahngleise und einen Fußgängerweg.

Harbour Bridge

Wo steht die höchste Brücke?

Die höchste Brücke der Welt führt über die Royal Gorge, eine Schlucht im US-Staat Colorado. Der Eiffelturm würde bequem unter diese Hängebrücke passen – sie ragt 321 m hoch über den Wasserspiegel des Flusses Arkansas empor!

Die Arkansas River Bridge wurde im Jahr 1929 in nur sechs Monaten gebaut.

Warum baut man Tunnel?

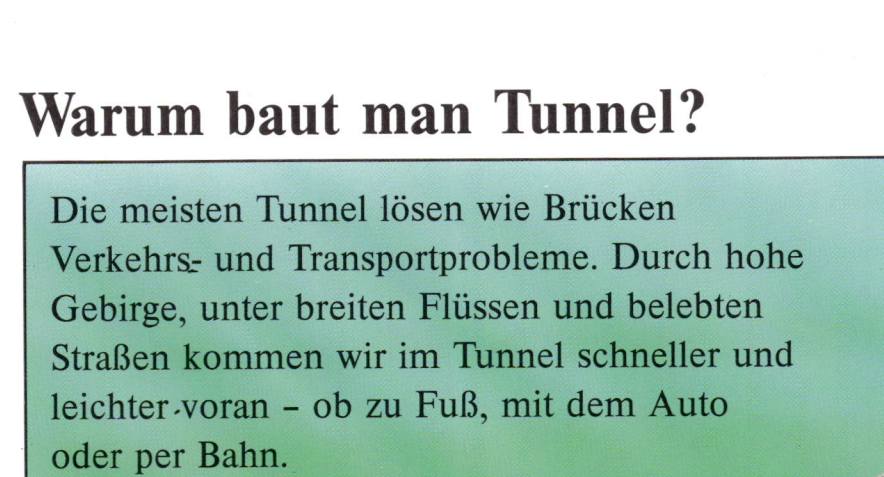

Die meisten Tunnel lösen wie Brücken Verkehrs- und Transportprobleme. Durch hohe Gebirge, unter breiten Flüssen und belebten Straßen kommen wir im Tunnel schneller und leichter voran – ob zu Fuß, mit dem Auto oder per Bahn.

TUNNEL-TEST

Tunnel haben meist eine gewölbte Decke, weil ein Gewölbe mehr Gewicht tragen kann als eine viereckige Form. Vergleiche nun die Stärke von röhrenförmigen und viereckigen Tunnel:

1 Nimm eine Pappröhre und eine viereckige Schachtel, stecke beide in feuchten Sand und drücke den sie umgebenden Sand fest.

2 Ziehe vorsichtig Schachtel und Röhre aus dem Sand. Jetzt drücke fest auf den Sand über beiden Tunneln, bis sie einstürzen. Welcher gibt zuerst nach, der runde oder der eckige?

? SCHON GEWUSST?

Der erste Eisenbahntunnel wurde 1826 auf der Strecke Liverpool– Manchester in England fertiggestellt.

Auch unter Flüssen hindurch werden Tunnel mit Autostraßen gebaut.

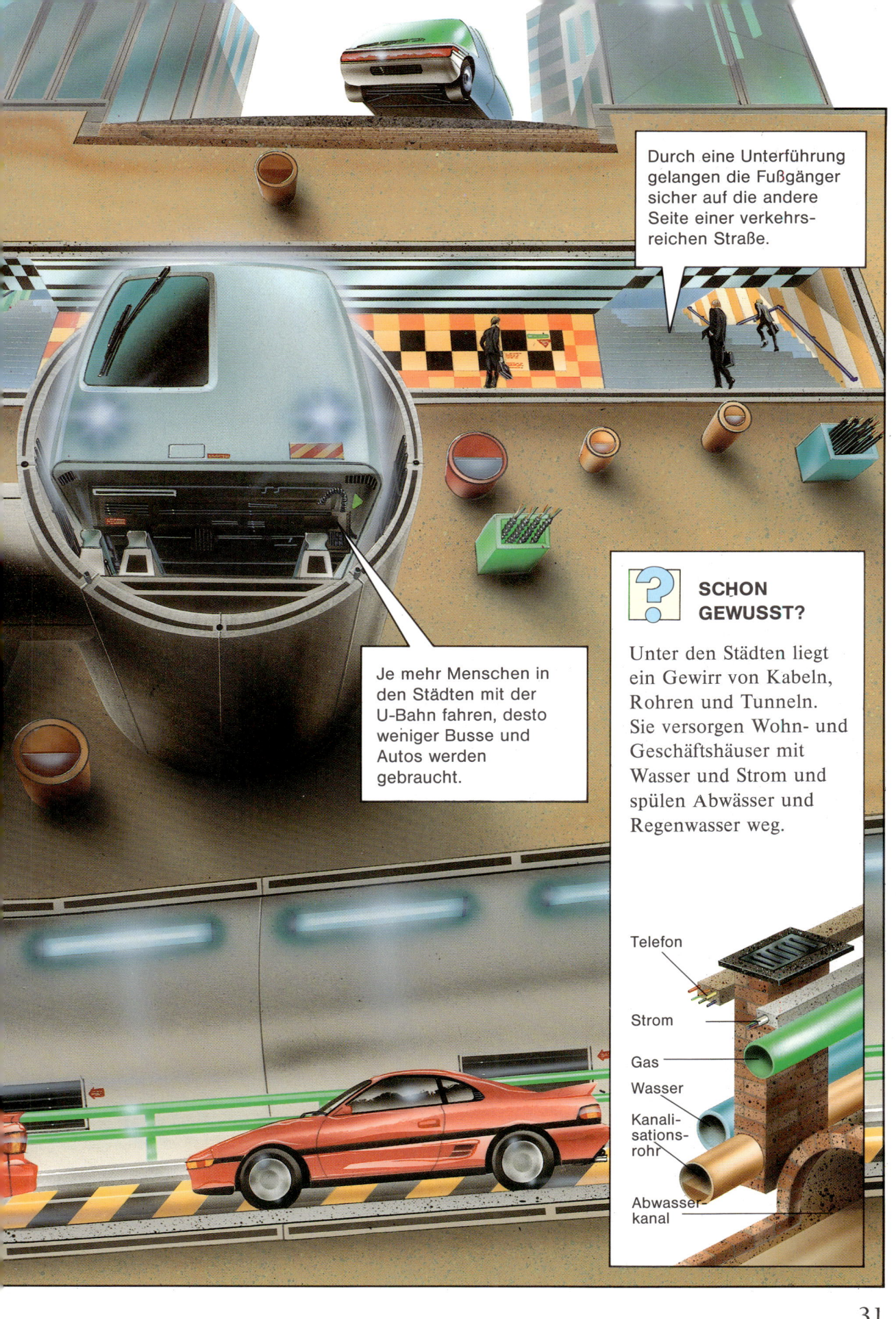

Durch eine Unterführung gelangen die Fußgänger sicher auf die andere Seite einer verkehrsreichen Straße.

Je mehr Menschen in den Städten mit der U-Bahn fahren, desto weniger Busse und Autos werden gebraucht.

SCHON GEWUSST?

Unter den Städten liegt ein Gewirr von Kabeln, Rohren und Tunneln. Sie versorgen Wohn- und Geschäftshäuser mit Wasser und Strom und spülen Abwässer und Regenwasser weg.

Telefon

Strom

Gas

Wasser

Kanalisationsrohr

Abwasserkanal

Wie werden Tunnel gebohrt?

Vor den Bohrarbeiten untersuchen Wissenschaftler Boden und Gestein der zukünftigen Tunnelstrecke. Ist das Gestein weich und fest wie Kalk z. B., wird eine Tunnelbohrmaschine, wie auf dem Bild unten, eingesetzt. Sie frißt sich drehend immer tiefer in die Erde.

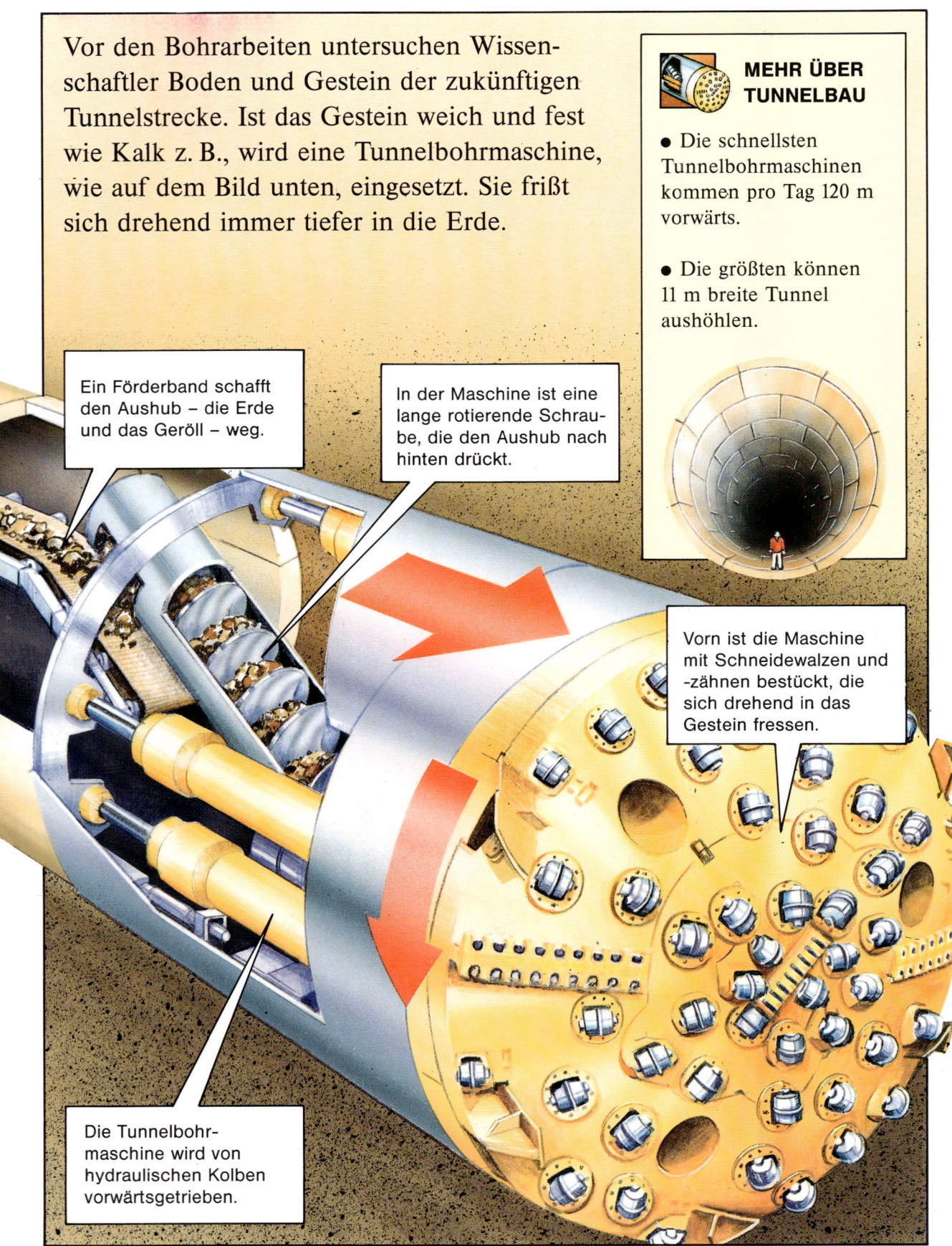

MEHR ÜBER TUNNELBAU

● Die schnellsten Tunnelbohrmaschinen kommen pro Tag 120 m vorwärts.

● Die größten können 11 m breite Tunnel aushöhlen.

Ein Förderband schafft den Aushub – die Erde und das Geröll – weg.

In der Maschine ist eine lange rotierende Schraube, die den Aushub nach hinten drückt.

Vorn ist die Maschine mit Schneidewalzen und -zähnen bestückt, die sich drehend in das Gestein fressen.

Die Tunnelbohrmaschine wird von hydraulischen Kolben vorwärtsgetrieben.

Wie wird ein Tunnel ausgekleidet?

33

LUFTAUS-TAUSCH

Damit die Menschen im Tunnel atmen können, wird Frischluft hineingepumpt, die gleichzeitig die verbrauchte Luft und die Abgase verdrängt. Versuch selbst, wie das funktioniert.

1 Verschließe die Enden einer Pappröhre mit Papier und Klebestreifen.

2 Bohre zwei Löcher in die Röhre und stecke je einen biegsamen Strohhalm hinein. Lochränder mit Knetmasse abdichten.

3 Biege einen Strohhalm zu deiner Wange hin, in den anderen bläst du hinein. Spürst du, wie die verbrauchte Luft aus der Röhre gegen dein Gesicht strömt?

Wird ein Tunnel durch lockeres Gestein gebohrt, muß er von innen ausgekleidet werden, sonst würden Dach und Wände einstürzen. Die Verkleidung besteht aus riesigen Fertigteilen aus Stahl oder Beton, die eine Maschine sofort nach dem Bohren anbringt.

Der Raum zwischen Tunnelwand und Verkleidung wird mit Beton ausgegossen und dadurch wasserdicht.

Die großen, schweren Verkleidungsteile werden von Maschinen an die richtige Stelle gehievt.

Wann wird beim Tunnelbau Sprengstoff eingesetzt?

Manche Gesteinsarten sind besonders hart. In solchen Fällen muß bei Tunnel, die durchs Gebirge gebaut werden, häufig das Gestein gesprengt werden. Mit riesigen Bohrmaschinen werden Löcher in den Fels getrieben, die mit Sprengstoff gefüllt zur Explosion gebracht werden.

MEHR ÜBER BOHRUNGEN

● Wenn man Sprengstoff in schräge Bohrlöcher legt und zündet, hat er höhere Durchschlagskraft als in senkrechten oder waagrechten Löchern.

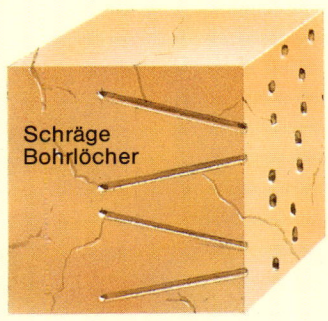

Schräge Bohrlöcher

● Diese Bohrlöcher sind meistens 2 bis 3,5 m tief und etwa 6 cm weit. Solche Löcher lassen sich in wenigen Minuten bohren.

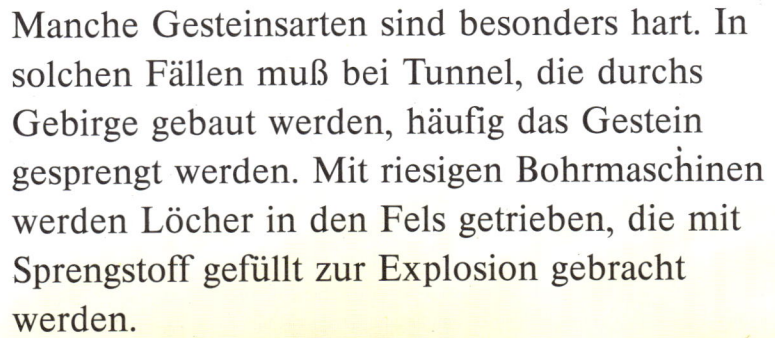

An diesen Bohrvorrichtungen sind oft mehrere Bohrer angebracht. Jeder ist auf einen Schwenkarm montiert.

Beim Bohren entstehen Staubwolken, die Atembeschwerden verursachen. Manche Bohrmaschinen versprühen daher Wasser, um den Staub zu bannen.

SCHON GEWUSST?

Der St.-Gotthard-Eisenbahntunnel durch die Schweizer Alpen war der erste große Tunnel, bei dem Sprengungen vorgenommen wurden. Er wurde 1882 eröffnet.

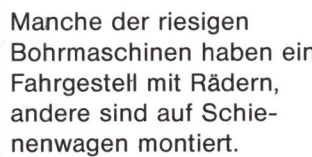

Manche der riesigen Bohrmaschinen haben ein Fahrgestell mit Rädern, andere sind auf Schienenwagen montiert.

Was sind Senkkastentunnel?

Diese Unterwassertunnel werden aus riesigen Metall- oder Betonröhren gebaut, die in einer Fabrik hergestellt und an beiden Enden verschlossen werden. Mit Schleppkähnen werden sie dann zur Baustelle gezogen. Dort senkt man sie ins Wasser ab.

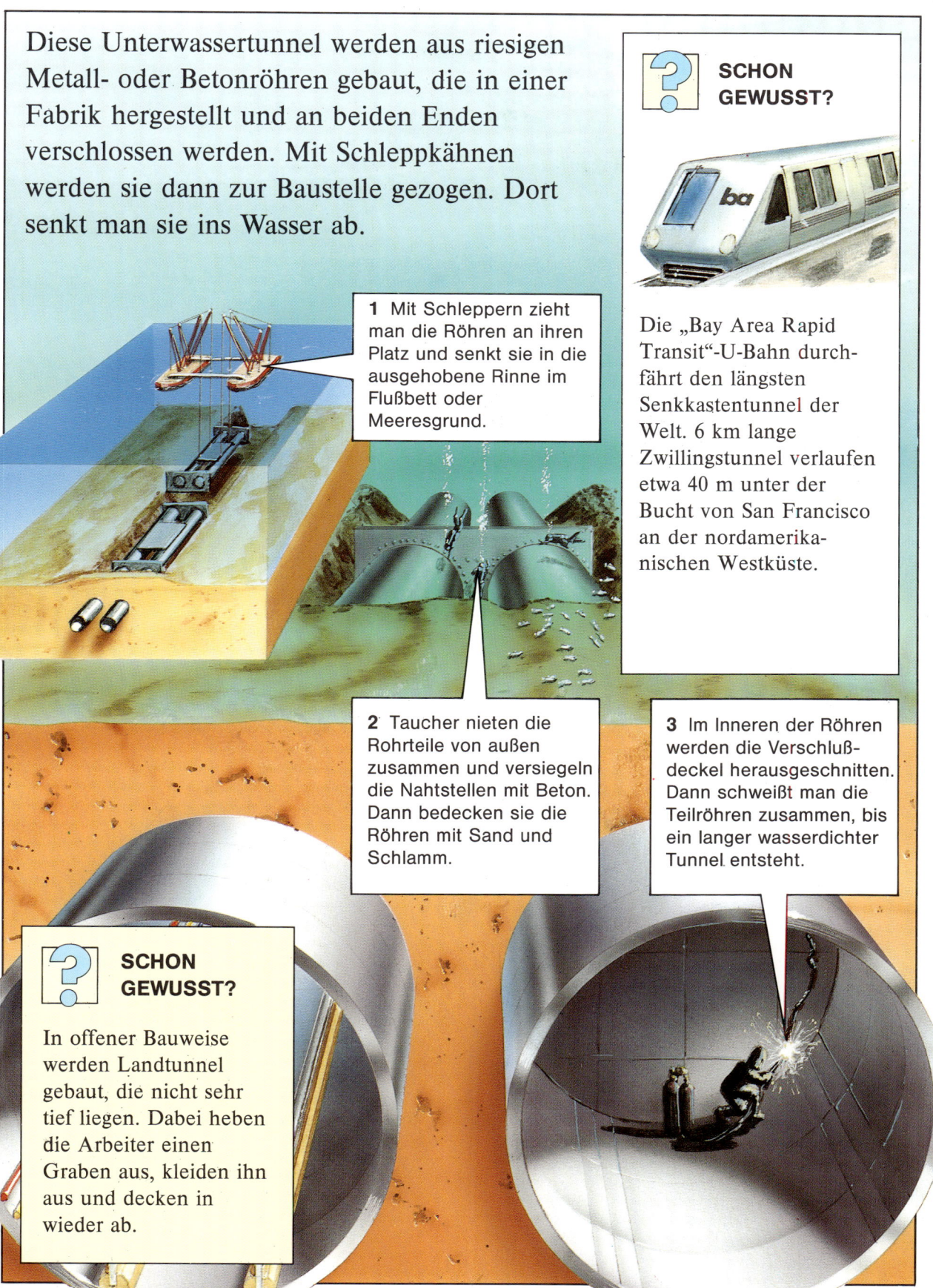

1 Mit Schleppern zieht man die Röhren an ihren Platz und senkt sie in die ausgehobene Rinne im Flußbett oder Meeresgrund.

SCHON GEWUSST?

Die „Bay Area Rapid Transit"-U-Bahn durchfährt den längsten Senkkastentunnel der Welt. 6 km lange Zwillingstunnel verlaufen etwa 40 m unter der Bucht von San Francisco an der nordamerikanischen Westküste.

2 Taucher nieten die Rohrteile von außen zusammen und versiegeln die Nahtstellen mit Beton. Dann bedecken sie die Röhren mit Sand und Schlamm.

3 Im Inneren der Röhren werden die Verschlußdeckel herausgeschnitten. Dann schweißt man die Teilröhren zusammen, bis ein langer wasserdichter Tunnel entsteht.

SCHON GEWUSST?

In offener Bauweise werden Landtunnel gebaut, die nicht sehr tief liegen. Dabei heben die Arbeiter einen Graben aus, kleiden ihn aus und decken in wieder ab.

Wer baute die ersten Tunnel?

Schon vor vielen tausend Jahren gruben Menschen Tunnel, um ihre Wohnhöhlen zu vergrößern. Vor etwa 15 000 Jahren wurden Stollen vorgetrieben, um für Werkzeug und Waffen den harten Feuerstein zu gewinnen.

 SCHON GEWUSST?

Der erste bekannte Straßentunnel stammt aus der Römerzeit. Er entstand 36 v. Chr. – also vor über 2000 Jahren – bei Neapel in Süditalien und war 1,5 km lang.

Vor etwa 3500 Jahren gaben die Ägypter den Pyramidenbau auf und legten statt dessen Grabtunnel an, die sie mit herrlichen Wandmalereien reich verzierten.

Wo wurde die erste U-Bahn gebaut?

Die erste Untergrundbahn der Welt wurde 1863 in London eingeweiht. Damals wurden die Wagen von Dampflokomotiven gezogen. Die erste elektrische U-Bahn fuhr 27 Jahre später in London.

MEHR ÜBER U-BAHNEN

● 1897 wurde in Boston die erste U-Bahn Nordamerikas eröffnet.

● Die Pariser Metro, Frankreichs erste U-Bahn, wurde im Jahr 1900 eröffnet.

● Die Moskauer Metro gibt es seit 1935. Sie ist bekannt für ihre prächtigen Bahnhöfe.

Welches sind die längsten Tunnel?

Der längste Verkehrstunnel der Welt ist der Seikan-Tunnel in Japan mit 54 km Länge. Er verbindet die Inseln Hokkaido und Hondo. Auf der Grafik unten fehlt der inzwischen 1994 fertiggestellte Eurotunnel mit seinen 50 km Länge (s. S. 38).

? SCHON GEWUSST?

Der längste Tunnel der Welt ist in den USA. Aus 169 km entfernten Bergen transportiert er Wasser für die Stadt New York.

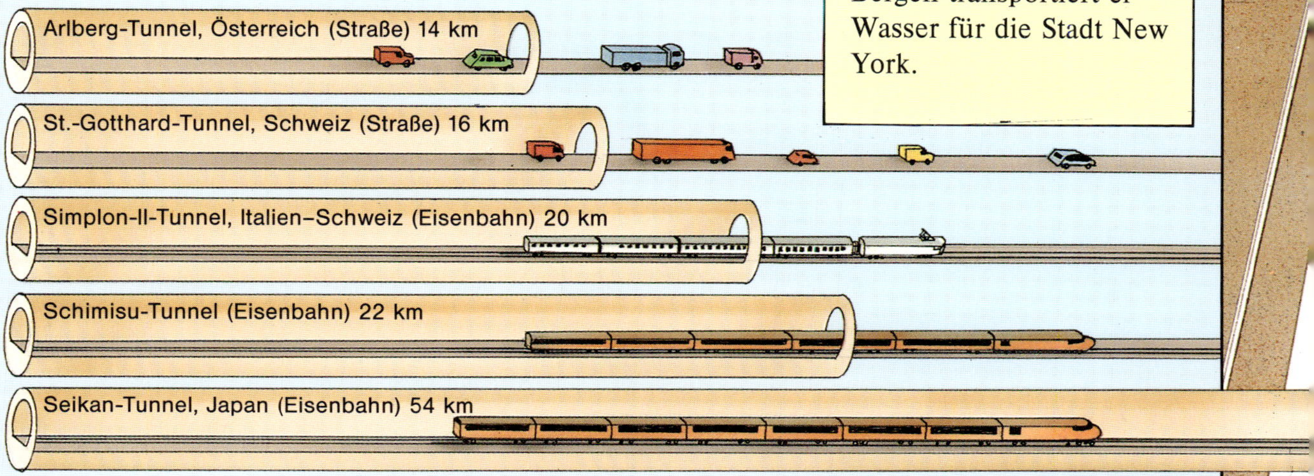

Arlberg-Tunnel, Österreich (Straße) 14 km

St.-Gotthard-Tunnel, Schweiz (Straße) 16 km

Simplon-II-Tunnel, Italien–Schweiz (Eisenbahn) 20 km

Schimisu-Tunnel (Eisenbahn) 22 km

Seikan-Tunnel, Japan (Eisenbahn) 54 km

Wo sind die tiefsten Tunnel?

Die tiefsten Tunnel der Welt liegen mehr als 3800 m unter der Erdoberfläche. Der Sears Tower, das höchste Gebäude Welt, würde dort 8½mal hineinpassen. Diese Tunnel sind Teile von Goldminen in Südafrika.

? SCHON GEWUSST?

Der Eisenhower-Tunnel in Colorado, USA, ist der höchstgelegene Tunnel der Welt (3400 m über dem Meeres-spiegel).

Was ist der Eurotunnel?

Im Jahr 1994 wurde der Eurotunnel zwischen England und Frankreich eingeweiht. Er besteht aus drei Röhren, zwei für Bahnschienen, eine für die Wartung. Er ist 50 km lang und führt etwa 40 m unter dem Meeresgrund, 38 km weit durch den Ärmelkanal. Er ist der längste Unterwassertunnel der Welt.

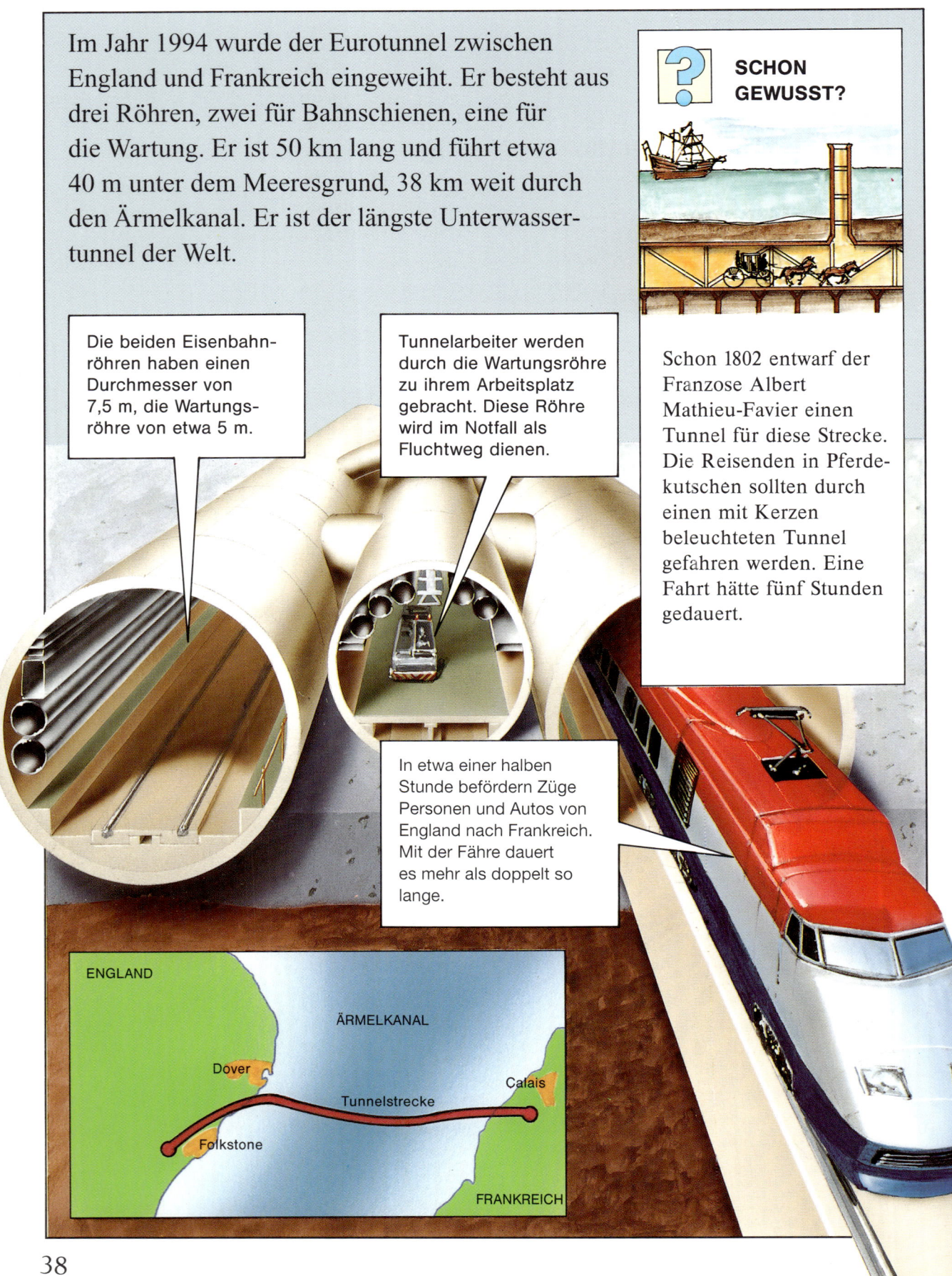

SCHON GEWUSST?

Schon 1802 entwarf der Franzose Albert Mathieu-Favier einen Tunnel für diese Strecke. Die Reisenden in Pferdekutschen sollten durch einen mit Kerzen beleuchteten Tunnel gefahren werden. Eine Fahrt hätte fünf Stunden gedauert.

Die beiden Eisenbahnröhren haben einen Durchmesser von 7,5 m, die Wartungsröhre von etwa 5 m.

Tunnelarbeiter werden durch die Wartungsröhre zu ihrem Arbeitsplatz gebracht. Diese Röhre wird im Notfall als Fluchtweg dienen.

In etwa einer halben Stunde befördern Züge Personen und Autos von England nach Frankreich. Mit der Fähre dauert es mehr als doppelt so lange.

ENGLAND

ÄRMELKANAL

Dover

Calais

Tunnelstrecke

Folkstone

FRANKREICH

Wichtige Begriffe

Architekt/in: Er oder sie entwirft und zeichnet Baupläne.

Beton: Ein Baumaterial aus Sand, Kies, Zement und Wasser, das nach dem Trocknen sehr hart wird.

Fundament: Starke Grundmauern, die das Gewicht von Bauwerken tragen und das Absinken verhindern sollen. Brückenfundamente nennt man Gründungen.

Kabel (bei Hängebrücken): Dickes, starkes Metallseil, meist aus mehreren Stahldrähten gedreht.

Mörtel: Bindemittel für den Mauerbau; ein Gemisch aus Sand, Kalk und Wasser. Diesem Brei wird manchmal zusätzlich Zement zugesetzt. Nach dem Trocknen ist Mörtel hart.

Pfeiler: Senkrechte Stützen, die den Brückenbogen tragen.

Schweißen: Zwei Metallteile miteinander verbinden. Die Enden werden erhitzt, bis sie zusammenschmelzen. Nach dem Abkühlen sind sie fest verbunden.

Spann- und Stützweite: Der Brückenabschnitt zwischen zwei Widerlagern, Pfeilern oder Türmen.

Träger: Langer gerader Tragebalken aus Metall, meistens aus Stahl.

Tragwerk: Brückenoberfläche, über die der Weg, die Straße oder Eisenbahnschienen führen.

Widerlager: Endpfeiler zu beiden Seiten der Brücke, die das Gewicht tragen.

Zement: Ein Gemisch aus pulverisiertem gebranntem Ton und Kalkstein. Mit Wasser wird daraus ein Brei, der nach einigen Stunden erhärtet.

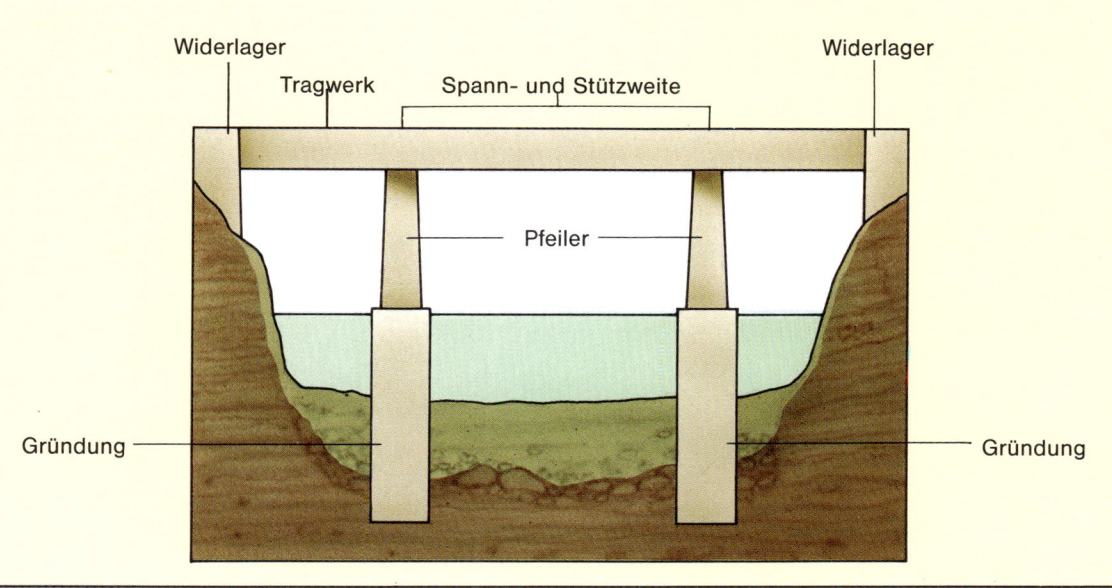

Register